Jau, «El Holandés»

LAS CAMELIAS DEL AMANECER

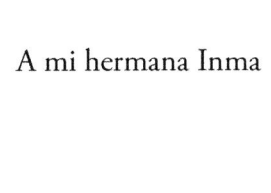

A mi hermana Inma

Las camelias del amanecer

Ⓟ Del texto: Jaime Juan Sendra
© De esta edición: NPQ Editores 2024
www.npqeditores.com

Primera edición: julio, 2024

Impreso en España

PEFC

Los papeles que usamos son ecológicos, libres de cloro y proceden de bosques gestionados de manera eficiente.

ISBN: 978-84-19924-91-9
Depósito legal: V-2264-2024

Lo trobador

Non nobis Domine, non nobis,
sed Domini Tuo da gloriam.

PRIMERA PARTE

SEGUNDA PARTE

PRÓLOGO

—

En las páginas de este libro de **poesía** se despliega el alma de un ser cuya personalidad está tejida con hilos de pasión y curiosidad. Su fascinación por los masajes étnicos, especialmente el arte del *shiatsu*, revela una profunda conexión con las tradiciones ancestrales y un camino hacia la sanación y el bienestar. Cada movimiento de sus manos, cada contacto, entrelaza la sabiduría antigua con el cuidado moderno del cuerpo y de la mente.

Paralelamente, en su amor por la música se sumerge en los acordes y en el vasto universo de la **armonía del *jazz***, desentrañando los secretos de este género musical que despierta emociones y belleza. Su pasión por estudiar incansablemente los acordes complejos y la improvisación le lleva a explorar constantemente nuevos horizontes sonoros, buscando siempre la perfección en la expresión musical como fuente inagotable de inspiración y creatividad.

Como un esperantista de corazón, ha abrazado esta lengua construida con fervor y dedicación, reconociendo en su esencia la semilla de una fraternidad universal. A través del **Esperanto**, el autor encuentra la comunicación más allá de las fronteras lingüísticas, un puente que abraza la diversidad y que celebra la unidad de la humanidad en un espíritu de entendimiento mutuo y de cooperación entre culturas y países.

A la vez, le apasionan los temas de la **Occitania medieval**, desde la misteriosa cultura cátara hasta la poesía de los trovadores. Se sumerge en el mundo del amor cortés y la búsqueda del Grial con fervor y curiosidad inagotables. Estos fascinantes aspectos de la historia y la literatura medieval siempre le han cautivado la imaginación y continúan inspirando su búsqueda de conocimiento y de comprensión.

Estos versos serán como un pincelazo en el lienzo donde resonarán los ecos de estos intereses que han impregnado su ser de sensibilidad, reflexión y profundidad. En cada palabra el lector se embarcará en un viaje de descubrimiento a través de paisajes emocionales y reflexiones íntimas. En estas líneas se encuentra la esencia de un ser que busca la belleza y la armonía en todas las cosas, inspirando a otros a hacer lo mismo.

Alfonso del Valle

I

EL TOQUE DEL ORO

A ti, ser pleno,
que turbulentas campanadas te anunciaron perder
el orden entre las sombras, pronto te fueron vedados
los esplendores de inmortal.

Recibe estas flores en carne viva como adiós y
llave de llantos a los paraísos del ayer.

INVIERNO

Hay inviernos crudos
en los que mi alma se hunde en el alquitrán
entre las simas de una noche solitaria y negra.

Amargos cuchillos de hielo
atraviesan mi ser que se encoge y tiembla.

Es entonces cuando añoro
tibios abrazos que alienten mis sueños
al calor de la leña.

Y VI LA LUZ…

Nací de alborada,
cuando hiere la vida,
cuando atormenta la noche.

Manchó el frío mi alma,
mi madre no venía
y mi voz era un callado broche.

Busqué ubres amadas,
para huir de la ira
que me dio un estoque.

Pasé los años sin habla,
las horas me dolían
y yo no deseé ser hombre.

A mi alrededor me alentaban
a pintar de mármol mi sonrisa,
lo que para mí era un derroche.

¡Callad, malditos bocazas,
que veo coronar el día
en el que os escupa por bordes!

¡Callad que es mi voz aldaba
que tañerá melodías
y afrentas contra mediocres!

¡Callad que sembraré vuestras caras
con arrugas de lejía
y llantos agrios que os afonden!

AGONÍAS EN EL CREPÚSCULO

Abatido y de mi cuerpo ausente,
voy en busca del paraíso
más allá de la degollada realidad
a mandar sobre tiempos y universos.

De los confines inmortales soy dios,
en el vacío pierdo los ojos,
eleva mi alma el viento
y maldigo a los dioses de la materia.

Irrito el orden en las fosas
y por miles, miles y miles
las camelias giran rotas
sobre mis juventudes derrumbadas.

EBRIO DE CÓLERA

Mis gritos ingrávidos
cubren áreas ilógicas
de oscuros maleficios
ahorcando dioses divertidos.

Pobres angustias rabiosas
privadas de frescos deicidios.

Mi puñal se clava en la razón,
se desprenden los colores de las formas
y se transforman en ratas.
¡Ratas, os reto!

Las multitudes desnudas:
¡todas decapitadas!

EL ADIÓS

Sola está la noche,
sola y negra, sola,
solo el aire que llora y llora
solo el paseo de Villalonga.

Abrazos cosidos,
besos de amapola:
¡tres, que fueron tres,
las fresas de aquella hora!

Adioses tañidos,
versos por coronas:
—No te vayas.
—Ven.
A la gloria.

El hacha selló La Rioja,
sollozaron dos sábanas nocturnas
y entre vida y vida:
sombra.

ELEGÍA AL EDÉN

(De Jau al rebelde Fede,
unas flores rociadas de fracaso
en la última guerra).

He perdido.
Tus fresas de locura
entonarán la canción
del viaje solitario.

Y tú que renaciste para vencer
y que eres uno de los esposos
y que me cortaste tres fresas
del delicado paraíso:

¡quiero que te nazca un día
iluminado por blancas caricias de seda!,

¡quiero que abrazos maternales luchen
en la novena guerra!,

¡quiero que te deslumbre la sonriente hierba
del siempre verde edén
y ver cómo levantas el brazo a la vida!

Rebelde de la gloria
y de mi derrota,
a tu viaje de primavera,
sangrando o en flor, amor, yo volveré.

Y si los alados olvidando
anuncian la llegada de mi otoño

con tus lágrimas sonrientes
llévame entre quienes siempre,
siempre, me encontré.

EL CANTO DE LA RIOJA

Cuando la tierra llama
cárceles destruye.

Hostilidades presentes,
amarradme como a Ulises
que las esposas cantan
La canción de la novia del pescador.

La espalda junto a la tierra
reposa y es regato de vino.

Reza la luna por un clavel de tinto
que se deshoja en los campos del olvido.

DAME DE L'AUBE

Sur les flots de mon esprit
j'ai vu la maternelle mort.

Quelque jour du passé
il a été là
pour se promener
et appeler le poète du malheur.

EL LENGUAJE DE LOS DIOSES

Los dioses se señorean en sus mares,
mares mentales, dominios prohibidos.

Sus sonidos no llegan a la superficie.
Osados bebiendo en sus aguas
y aprendiendo su lenguaje,
el lenguaje de los dioses.

Aguas de Narciso,
de Narciso y de ahogados.

Poetas llamados a sus reinos
para celar sus mensajes
y sus juegos de silencios marinos,
para beber eternamente en ellos.

DELIRIUM TREMENS

Avec mes rêves
je crache tous les mortels
et je fais l'onde noire,
l'onde des heureux.

Toutes les tombes
ont été oubliées

mais maintenant
qui entendra les fous
pendant ses amours
avec les feuilles d'automne?

NIT D'AMOR (Cançó)

Nit d'amor;
buida, buida, buida.

Em deixaràs
algun dia, amiga,
i eixe dia negre
serà nit no compartida.

Nit d'amor;
buida, buida i malcïda.

I eixe dia negre
caldrà penjar
de un xiprer la vida.

GERMÀ CREATIU (Cançó)

Oh, germà creatiu,
bandejat del teu camí
i angoixat pel gemec
de la ment.

On estàs?

Nuvolat d'adolescent,
enredades les idees
i plorant pel destí
d'un anhel.

On estàs?

TIMONEL A LA DERIVA

Por los mares de la vida,
timonel sin timón
y por corazón, un limón.

Sangre agria,
mar salada,
tormenta de angustias negras,
avinagradas.

Cielos menta,
vientos malva,
tormento de oscuras penas
ya ajadas.

ASESINATOS EN LAS AULAS

Por ahogo nos robais la vida,
atais nuestras manos
a estudios profanos
y escupis en la simiente de nuestra fantasía.

Son vuestras aulas prisión,
nuestro delito:
la imaginación.

Pero, sabeis, Torquemeros,
a pan de folio y agua de tinta
crearemos tan magnos universos
que harán estremecer vuestra razón.

CAMINO DE VERA

Yo quiero vivir a la vera del café quebrado
y asomarme a sus ventanas de higueras y de geranios.

Yo quiero rodear los instrumentos con mis brazos
y tocar en una orquesta de *jazz* el piano.

Yo quiero dar vida a las piedras y a los barros,
encender los colores y danzar en los escenarios.

Yo solo puedo llorar por estar desalado,
por ser sordo, mudo y tardo.

HOMDUNGEJO

Al amanecer frío de los inviernos,
lenguas de hombre lamiendo sueldos.
¡Ay, poesía mía de frutos yermos!

Al ruido bronco de los primeros
quedan humillados los más lentos.
¡Ay, poesía mía que no entiendo!

Al rocío, hiel de los infiernos,
silban las cuchillas de los no enfermos.
¡Ay, poesía mía que no puedo!

LA SINFONÍA DE LA VIDA

Yo quisiera saber
cómo, por qué y para qué
a la sinfonía de la vida llegué.

Aprendí, amé, trabajé,
mas siempre en todo desafiné.

Yo quisiera saber
si en la sinfonía de la vida
silencio he de ser.

AGRIDULCE MAYO

La luz de la primavera
brillaba orgullosa.

Mi corazón vagaba perdido
buscando sentido,
buscando esposa.

Una coreana deshojó mi rosa:
acaso era altivo,
acaso era una losa.

El cielo callaba
ante mis dudas quejumbrosas.

Me quedaré dormido
para eclipsar mi sino,
para olvidar mis sombras.

EL MALL DE THOR

Al regne d'Asgard pujaré
a demanar-li al pare Odin
el mall poderós de Thor

i amb ràbia rabiosa,
amb ràbia acarnissada,
destruiré el bloc de gel

que ens roba la calor
de l'amic príncep del so.

YO CONOZCO EL ARTE

Yo conozco el arte
de subir por las ramas de las edades
hasta los maduros pensares.

Yo conozco el arte
de bajar a los valles
hasta las sonrisas natales.

Yo conozco el arte
de viajar a las estrellas,
de volar con las aves
y de convertirme en primavera.

Yo conozco ese arte,
pero tú no lo sabes.

NOCHE DE CELOS

(En el jardín del fuego
girándulas latiguean borrachas
por un gramo de felicidad).

En mi hogar
nubes oscuras cubren el cielo.

Cuervos sombríos
rondan mi desvelo.

Seis lunas de alquitrán
me cubren de negro.

La sangre
bulle y estalla en mi cerebro.

Puñales fríos
se ensañan en mis celos.

¡Quiero sumergirme
en el mar de los besos!

EL MURO DE CRISTAL

¿Qué es un amor que no da besos ni abrazos,
que no acaricia cuando abrasan sus manos,
que no se me acurruca en los fríos helados,
que no comparte hogar, pan y tiempo largo?

Me iré por el sendero del olvido manso
a buscar una mujer para el amado.
Me iré sin hablar, pasito a paso,
con el corazón roto en mil pedazos.

LA GUADAÑA DE SAL

El club de las amputadas
rompía en los acantilados
con olas bravas
sobre hombres caducados.

El amor en sus atarazanas
me tomaba de la mano,
me llevaba por marejadas
y escupía en mis palos.

Tenía la brújula borracha
y daba pantocazos,
la noche su hiel clavaba
con anzuelos en mis brazos.

Las nubes de la mañana
escondían los faros
y un malecón de niebla helada
hundía mis barcos.

En el cementerio de los marinos
mi corazón encallaba
y un Caronte peregrino
me vendía al club de las amputadas.

A Juani

MOTS AVEC BATISTE

Batiste, toujours jouant.
Tes cheveux son noires comme la nuit.

Et tes pensées,
comment son tes pensées?

Je le sais:
ils sont…
ils sont…
Je ne sais pas!

Souvent je lis le silence dans tes yeux
et il me dit que tu ne broyés pas de noir.

DUDAS ELECTIVAS

¿Trinchera o redoma?
Me llenan, me embriagan
los perfumes de la pólvora.

¿Laurel o pistola?
Me llegan, me llagan
el calumet y su aroma.

¿El lirio o la amapola?
Me llevan, me llaman
la rosa y la paloma.

EL RUEDO NACIONAL

España, país de toros,
de toros y de toreros,
país de toros bravos
pero ingenuos.

¡Ay, España!

¿Hasta cuándo confundirás
quijotes con sanchos,
buscones con santos,
líderes con lagartos?

España, país de toros,
de toros y de toreros,
país de toros bravos
pero ingenuos.

ORFANATOS DE CATAY

Siega la guadaña los llantos del azafrán
y llueven puñales sobre membrillos.

¡Alas, yo quiero alas!
Alas de *jumbo* y de albatros,
quiero librarte del potro de bambú
y con mis yemas encender tu luz.

¡Jamás seré un tanque!

II

EL TOQUE DEL ALBA

Fueron las agraceras tu alimento
en los gloriosos días del cristal, mas los dioses
furiosos descargaron sobre ti toda su cólera, y
ante el viento del norte empuñaste la pavorosa
bandera de las agonías.

PRIMAVERA

Hay primaveras de gloria
en las que mis electrones bullen
y se expanden radiantes
como galaxias de soles que reverberan.

Es entonces cuando busco
unos labios de luz
para fundirnos con las estrellas.

LA TRENZA DEL TIEMPO

Despierta dormido en vela
que tus pensamientos se amamantan
con océanos de tibios pechos
de la madre Quanta.

Con tus telares cadenciosos
trenza las hebras del hoy, del ayer y del mañana
y viste a las multitudes desnudas
con túnicas de auroras blancas.

Entonces te serán devueltos
todos los frutos del jardín de las parcas,
tus imágenes peregrinas,
vagabundas por laberintos de galaxias.

EL CANTO DEL INFINITO

¡Oh, perspectivas vaporosas
nacidas del Silencio Creador
que enmudecéis con cuánticos infinitos
el reposo del pensador!

—Te habrás equivocado,
son ellas, los ojos almendrados,
los equilibrios abandonados,
son ellas, son Todo.

¡Oh, plenitudes generosas,
siempre enamorado,
siempre derramado:
esparcidme!

SER BANDERA

(Ser bandera
y al viento olear, velear, ondear…).

¿Dónde vas, bandera,
sin asta que amarrar?
¿Dónde vas, bandera?
Este no es tu lugar.

—Mi lugar es la Tierra,
mi novia es la mar,
mi asta guerrera
se llama libertad

y voy en busca eterna
del cantar de la verdad.

Bandera loca, bandera…,
¡enséñame a volar!

MI NOMBRE

Buscad mi nombre,
buscadlo en las listas de la paz,
y si no está:
apuntadlo, apuntadlo.

EL DONANTE

Soy un tallo,
tallo alegre, tallo amigo.
Soy tu tallo,
clavel celeste, blanco lirio.

Si desmayo
te ofrezcan mi abrigo
y mi savia vende
tu esperanza de herido.

¡Un soplo y caigo!

Toma mi leña,
corazón de olivo,
toma mi leña,
que sufro al verte dolido.

PARÍS

Oreaban los tilos
la ciudad numinosa
y un canto divino
henchía de gloria.

Bajaba tranquilo
Luzbel a la historia
con caballos albinos
portándole esposas.

Coros de niños,
fuentes llorosas,
cascabeles equinos,
perfume de rosas.

En el barrio Latino
suplicantes las diosas
en decúbito supino
se ofrecían hermosas.

Vestales en delirio
alzaban sus copas,
le sembraban caminos
de celindas sedosas.

Mil ángeles caídos
afinaban sus trompas,
Miguel es mi amigo,
Gabriel se sonroja.

Paseaba con mimo
entre pinturas oleosas
el dios palatino,
el orgullo de Roma.

CLARA ISABEL

Por el sendero del amanecer
venía Clara Isabel
con aires alegres
esmaltados en la piel.

Borrachera de placeres
en los días del edén,
perfumes de la mente
con jazmín de mujer.

AMANECER CON MELVA

Era mujer,
se llamaba Melva
y era al amor
lo que el almendro a la primavera.

Me enseñaba a amar
entre zumos, licores y agua fresca
cuando escondía sus ojos
entre nubes y violetas.

La besé en el mar,
me rindió en la arena
y en noche de julio
nació por verlo la luna llena.

Acariciaron las olas
nuestros pies tan serenas
y se durmieron en calma
como diamantes de seda.

Le sembré mil besos
desde la frente hasta las piernas
para que brillara su cuerpo
con escamas de sirena.

Y cuando el sol desgrana
su tibia hora primera
brindamos por la luz,
despedimos a las estrellas.

Era mujer, mujer,
se llamaba Melva
y era en el amor
dulce, sonriente y sincera.

LLANTO DE LUNA

La solitaria luna, Vicen,
llora y llora jazmín
por ver las estrellas tristes
cantar tus ausencias de mí.

Cuando estos mariachis vibren,
cortaré una flor de mi jardín
y mientras te la entrego libre
dime si quieres conmigo vivir.

IDILIO CAMPESTRE

En otoño cubriré tu cuerpo
con rosas de pitiminí,
para que tu piel reviva el recuerdo
de su primer abril.

Con leña encenderé el fuego
de nuestro refugio febril,
para que el calor derrita el sueño
cuando el día encienda su candil.

Aletearán girándulas de jilgueros
que nos despertarán con su reír
y con un abrazo sincero
te diré: «Te amo a ti».

A Chelo

BATALLA DE VERANO

En el fragor de la batalla
disparé versos como metralla
y rodando entre las sábanas
lucían pieles encarnadas.

Al llegar la luz del alba
dormidita te quedabas
con un batir de alas
que un beso sellaba.

A Chelo

LA DAMA AZUL

¡Ay, esposa desalada!
Mujer de tierra adentro,
que con arrullos de gloria redeas
a los atunes y a los mozos.

No llores.

Pensadora amarinerada,
rival de olas y mareas.

No llores,
que tu voz de aljibe despierta
a los que en secano navegan.

No llores,
que tus himnos nos han de llamar
al regreso en asamblea.

                          A María Jesús

PALAU DE LA MÚSICA

La conocí en un palacio
bajo el signo de las esferas,
en un acuario de naranjos
mientras cantaba una reina.

Me enseñó unos pasos
con tomillo de otras tierras
y despertó en mis labios
la añoranza de las américas.

MI HERMANO

Quiero trabajar la carne de la madera,
quiero bruñir la piel de los metales,
quiero labrar el cuerpo de las piedras
y quiero cortar el filo de los cristales.

Quiero esparcir circuitos por los eones,
quiero escuchar la canción de los motores,
quiero sembrar de hierbas los campos
y abrazar a cientos de animales mansos.

Quiero tener un cuerpo sano,
quiero trabajar los elementos como mi hermano,
y quiero lograrlo con el corazón en la mano
para dar calor al mundo de los humanos.

PASTOR DE PENSAMIENTOS

Quisiera estrechar tu mano
y esparcirme sobre el horizonte
al contemplar tus rebaños.

Y quisiera llorar abrazado
a tu zurrón y a tu flauta,
amigo, esposo y vago.

Al trapero del tiempo

SANDINGAS

Los jazmines de mi tierra
van buscando siempre el mar
en las noches de luna llena
cuando sopla el gregal.

Abejitas en el campo
liban la flor de azahar,
tomillo, salvia y *pebrella*
y los pétalos del rosal.

Naranjitas en alfombras
deseosas de gritar:

«Que nos pisen,
que nos lleven,
pajarillos, mariposas,
labradores de cristal».

POEMA ONÍRICO

Ven al reino de las anémonas hilarantes,
donde crecen las flores del viento,
donde se alean los amantes.

Busca sus tallos en silencio,
canta el himno de sus valles
y en las lunas leerás el secreto
de aquel hombre llamado Nadie.

MARIS STELLA

Volveré a la mar
con mi nave marinera,
volveré a la mar
con el velero de la estrella.

Surcaré agua y sal
sobre olas y mareas
y seré el capitán
aunque ellos no lo quieran.

Con el viento de mistral
sobre el blanco de las velas
y en los labios un cantar
que me alivie de mi pena.

Volveré a la mar
con mi nave marinera,
volveré a la mar
con el *Maris Stella*.

NOCHE DE TRES VELAS

En silencio,
sin palabras,
latía su corazón
mientras dormitaba.

De fondo tres velas
tenues brillaban.

Era un volcán de amor
que al universo inundaba
con un dulce respirar
mientras el piano sonaba.

A Leyla

LA SIESTA DE LEYLA

En una nube de algodón
dormíamos Leyla y yo,
soñábamos con corderitos
y con mariposas de color.

Era una esponja de amor
que flotaba leve bajo el sol
y una tierna canción
sonaba dulce en el corazón.

MI CASITA

Tengo una casita al pie de las montañas
donde cantan los grillos y las ranas.
Jazmín y galán perfuman mis ventanas
y lleno el botijo en una fresca fontana.

Allí duerme mi perrita en calma,
bajo las estrellas de una terraza,
mientras estudio a los sabios en sus páginas
al son de eternas músicas clásicas.

En invierno contemplo el baile de las llamas
de la leña, que arde roja, bruja y mansa,
y me cubre un cielo de mil galaxias
que se esconden tras las límpidas mañanas.

HIMNE DE GERMANOR

Som llavor que escampa el vent
una il·lusió solcant la nit,
som la veu del riu del temps.

Som lletres d'un alfabet
que escriuen el llibre infinit:
tau, xin, caf, nun i àlef.

Som roses del teu carrer
perfumant el gessamí;
som roses del Gran Roser.

Som maons de l'univers
construint ponts a l'ésser;
som arrels fent el bé.

Som notes d'un instrument
diluviant llum sota el cel;
som germans, fraternitzem.

Som llavor que escampa el vent
una il·lusió solcant la nit,
som la veu del riu del temps.

PAZ EN LAS REDOMAS

He consumado la obra,
el universo encendido apagó las sombras,
se escondieron los silencios
detrás de las redondas.

De la copela voló el ave,
de la cendra, la paloma.
Amé a Luz de Luna,
la del canto de Verona.

En el crisol lucía el oro,
en el corazón, la redoma.
En el iris brillaba el cosmos,
en los labios, la corona.

ODA AL FUTURO

Nacerá un día en que los humanos
creen la paz sobre la Tierra.
Trenzarán sus codos de hermanos
como collares de perlas.

Tatuarán lirios en sus brazos
y en sus pechos, azucenas.
Cortarán flores de los manzanos
para bombardear las fronteras.

Escribirán poemas en los bancos
y pintarán de colores las aceras.
Cantarán alegres salmos
como himnos a las estrellas.

Bordarán vestidos blancos
para bailar sobre la hierba.
Promulgarán la no ley de los anarcos
y vibrará la nueva era.

Yo seré un capitán-soldado
y a mi lado jugará Leyla.